COMITÉ
DE PROPAGANDE ET D'ACTION
POUR
L'AFRIQUE DU NORD

36, rue de Naples, PARIS (VIIIe)

TÉL. : LABORDE 06-01, 06-02 et 06-03 — MÉTRO : VILLIERS ET EUROPE

Son But.

Son Programme.

Son Plan d'Action.

(Extrait du **NORD-AFRICAIN**, Revue Mensuelle publiée par le Comité)

— 1925 —

IMPRIMERIE DES ARTS ET MANUFACTURES
8, rue du Sentier, 8
PARIS

COMITÉ
DE PROPAGANDE ET D'ACTION
POUR
L'AFRIQUE DU NORD

86, rue de Naples, PARIS (VIIIe)

TÉL. : LABORDE 06-01, 06-02 et 06-03 — MÉTRO : VILLIERS ET EUROPE

HAUT PATRONAGE DE M. LE PRÉSIDENT DE LA RÉPUBLIQUE

MEMBRES D'HONNEUR :

MM. Maurice **VIOLLETTE**, *Gouverneur général de l'Algérie.*

T. STEEG, *Résident général au Maroc.*

Lucien **SAINT**, *Résident général en Tunisie.*

JONNART, *Sénateur, ancien Ministre, Gouverneur général honoraire de l'Algérie.*

Maréchal **LYAUTEY**, *ancien Résident général au Maroc.*

Marcel **SAINT-GERMAIN**, *ancien Vice-Président du Sénat.*

CUTTOLI, *Sénateur de Constantine*

J. GASSER, *Sénateur d'Oran.*

MORINAUD
THOMSON } *Députés de Constantine*

PETIT
ROUX-FREISSINENQ } *Députés d'Oran.*

CONSEIL DE DIRECTION DU COMITÉ
BUREAU

Président........ **E. Sabatier**, ancien Président des "Délégations financières algériennes", ancien Vice-Président du "Conseil supérieur de l'Algérie".

Vice-Présidents .. **Dal Piaz**, Président de la *Compagnie générale transatlantique.*
Robert **David**, ancien Sous-secrétaire d'Etat, ancien Directeur du Cabinet du Gouverneur général de l'Algérie.

Trésorier........ **Ricard**, ancien Ministre de l'Agriculture.

Secrétaire général.. **Despiques**, proviseur du Lycée Michelet, à Vanves ; ancien proviseur du Lycée d'Alger.

Assesseurs....... **Berti**, Commissaire général des Expositions et Foires marocaines ;
Deyron, ancien Délégué financier d'Algérie ;
Godin, Conseiller-maître à la Cour des Comptes, ancien préfet.

MEMBRES

MM. **Atthalin,** administrateur de la *Banque d'Etat du Maroc ;*

Baréty, député des Alpes maritimes, Président du groupe parlementaire "Maroc-Tunisie" ;

Beaugey, ancien directeur des *Chemins de fer de l'Etat algérien ;*

Augustin **Bernard,** professeur de Géographie à la Faculté des Lettres de Paris ;

Billiard, Président de la « Chambre de Commerce d'Alger » ;

Bonnefoy, Président de la « Confédération des Agriculteurs du département de Constantine » ;

Bories, Président de la « Fédération des Syndicats agricoles de l'Oranie » ;

Bouchet, Président de la « Chambre de Commerce d'Oran » ;

Georges **Bureau,** député, ancien Sous-secrétaire d'Etat ;

Carbon, Directeur Honoraire des Services de l'Algérie au Ministère de l'Intérieur ;

Cazalet, Président de la *Société agricole et immobilière franco-africaine du domaine de l'Enfida* (Tunisie) ;

Colonel **Chardenet** ;

Chaumet, Sénateur, ancien Ministre du Commerce ;

Desportes, Président de la « Chambre de Commerce de Tunis » ;

Douel, ancien Contrôleur des dépenses engagées au Gouvernement général de l'Algérie ;

Dupeyrat, Ministre plénipotentiaire ;

Duret, ancien Délégué financier d'Algérie ;

Eon, Conseiller à la Cour de Cassation ;

Ferrando, Président de la « Chambre de Commerce de Constantine » ;

Gauran, Directeur général de la *Banque d'Etat du Maroc ;*

Colonel **Godchot** ;

Gsell, membre de l'Institut, professeur au Collège de France ;

Georges **Hersent,** entrepreneur de Travaux publics ;

Hunebelle, Président de la « Chambre d'Agriculture d'Alger » ;

Kampmann, avocat à la Cour d'Appel de Paris ;

André **Lebon,** ancien Ministre ;

James **Leclerc,** sous-gouverneur de la *Banque de France,* ancien Directeur des services financiers de l'Algérie ;

de **Maniquet,** industriel ;

Margot, Directeur général des *Chemins de fer P.-L.-M. ;*

Massignon, Directeur de la « Revue du Monde musulman »

Morand, doyen de la Faculté de droit à l'Université d'Alger ;

Moreau, Directeur général de la *Banque de l'Algérie ;*

Noulens, sénateur, ambassadeur de France, ancien Ministre ;

MM. **Obert**, Président de la « Chambre d'Agriculture de Rabat » ;

Maurice **Ordinaire**, sénateur ;

Pelletier, Président de la « Chambre d'Agriculture de Tunis », Vice-président du « Grand Conseil de Tunisie » ;

de **Peyerimhoff**, ancien Directeur de l'Agriculture, du Commerce et de la Colonisation en Algérie ;

Phillipar, Vice-président du *Crédit Foncier d'Algérie et de Tunisie* ;

Maurice **Piot**, propriétaire et industriel au Maroc ;

Rober-Raynaud, Secrétaire général de l'*Institut Musulman* de Paris ;

Maurice **Reclus**, Maître des requêtes au Conseil d'Etat ;

Raymond **Recouly**, homme de lettres, publiciste ;

Sallandrouze de Lamornaix, Président du *Syndicat des forêts de chênes-liège d'Algérie* ;

Albert **Sarraut**, Ambassadeur de France, ancien Ministre des Colonies ;

Jules **Saurin**, Directeur des *Fermes françaises de Tunisie* ;

Terrier, Secrétaire général du *Comité de l'Afrique française* ;

Toche, propriétaire-viticulteur à Bône (Constantine) ;

de **Warren**, Député, Président de l'*Association agricole de la Tunisie*.

COMITÉ

DE PROPAGANDE ET D'ACTION

POUR

L'AFRIQUE DU NORD

36, rue de Naples, PARIS (VIII•)

TÉL. : LABORDE 06-01, 06-02 et 06-03 — MÉTRO : VILLIERS ET EUROPE

Notre But.
Notre Programme.
Notre Plan d'Action.

Les problèmes économiques ont pris depuis l'après-guerre une importance capitale, et ils sont passés au premier plan des préoccupations de toutes les Nations. Aussi, la France se doit-elle d'examiner et de rechercher, encore avec plus d'attention et d'intérêt que par le passé, le concours qu'elle peut tirer de ses Colonies.

L'Afrique du Nord lui a déjà donné des résultats de premier ordre. Elle légitime les plus belles espérances.

C'est en nous pénétrant de ces vérités que nous avons conçu notre programme.

Favoriser la Colonisation ; aider au développement économique de l'Afrique du Nord ; n'est-ce pas coopérer à la prospérité nationale, c'est-à-dire au redressement de la France?

Mais pour que le concours de l'Afrique du Nord soit efficace, pour qu'il acquière toute sa puissance, il faut, en tenant compte des particularités de chacune de nos trois possessions, et par des mesures et des moyens appropriés à leurs facultés, à leurs possibilités, à leur force contributive, poursuivre leur mise en valeur, accroître leur production, faciliter leurs relations avec les marchés mé-

tropolitains et étrangers, assurer l'écoulement de leurs produits.

Il faut aussi leur donner des législations simplifiées et souples, encourager leurs initiatives, élargir leurs libertés administratives et budgétaires ; puis les rapprocher, les concilier, les réunir et unir en un seul faisceau économique.

Et pour tout celà, il faut d'abord, et avant toute chose, les faire connaître à tous, sous leur véritable aspect, sous leur véritable jour, par une propagande intense et puissamment organisée.

Ce sont toutes ces raisons qui nous ont amenés à la constitution de notre Comité et qui ont inspiré le programme que nous vous soumettons.

LE COMITÉ.

Notre But :

FAIRE CONNAITRE L'AFRIQUE DU NORD (Algérie-Tunisie-Maroc).

Notre Programme :

1º Etudier toutes les questions d'ordre national intéressant l'Afrique du Nord.

Aider, par tous les moyens, au développement de son Agriculture, de son Commerce et de son Industrie, notamment par la propagande en France et à l'Etranger.

Favoriser la Colonisation.

2º Appuyer et soutenir l'Algérie, la Tunisie et le Maroc dans leurs légitimes aspirations ; les rapprocher, les concilier, les unir économiquement, si faire se peut.

Défendre leurs intérêts communs, comme leurs intérêts propres et particuliers.

Faciliter et développer leurs relations économiques avec la Métropole et l'Etranger.

Notre plan d'Action :

1º Publication d'un Bulletin périodique (mensuel en principe) résumant les travaux du Comité, contenant des articles et des informations d'ordre documentaire ou technique sur l'Afrique du Nord et constituant par sa diffusion, très soigneusement préparée, un des meilleurs instruments de propagande et d'information

2° Création d'une Section spéciale de Conférences, ayant pour objet de faire connaître non seulement à Paris, mais encore en province et à l'étranger, toutes les ressources économiques de l'Algérie, de la Tunisie et du Maroc. Ces conférences, agrémentées de projections cinématographiques ou photographiques, en même temps qu'elles assurent la vulgarisation des connaissances indispensables que le public français et étranger doit acquérir sur notre Œuvre Nord-Africaine, sont un excellent instrument de propagande.

3° Création d'une Section spéciale d'Enseignement scolaire, ayant pour but de suivre de très près l'organisation, dans les Lycées, Collèges et principales écoles primaires de France, d'un Enseignement aussi pratique et aussi attrayant que possible sur l'Afrique du Nord. Cette Section procurera aux Etablissements d'Instruction Publique les moyens de réaliser efficacement le dit enseignement :

4° Création à Paris d'un Office chargé de centraliser une documentation économique, aussi abondante que possible, sur les trois pays qui constituent l'Afrique du Nord et de renseigner par tous les moyens tous ceux qui, en France, s'intéressent à l'Algérie, à la Tunisie et au Maroc au point de vue agricole, industriel, commercial, minier et touristique.

Ce même Office a pour but de faire connaître d'une manière continue, grâce à une propagande active, l'existence de cette documentation et l'action du Comité.

Il ne se borne pas à recueillir de la documentation et à faire de la propagande; il étudie toutes les questions d'ordre général intéressant l'Afrique du Nord.

Il s'efforce enfin d'assurer la liaison entre tous les organismes Nord-africains, ayant leur siège soit au-delà de la Méditerranée soit en France, pour travailler à ce rapprochement et à cette unité d'action économique qui sont un des objets de la constitution de notre Comité.

A nos Lecteurs
A nos Amis

La France a gagné la Guerre. Elle a maintenant une autre Victoire à remporter.

Il ne s'agit plus de se battre, de tuer, de détruire.

Il faut au contraire assurer la Paix : Créer, reconstruire, reconstituer, vivifier.

La France préfère ceci à celà.

Mais la lutte recommence. Lutte économique, cette fois. Lutte pacifique, moins rude, mais aussi âpre que la première.

La situation mondiale s'est transformée. Des organisations multiples, commerciales et industrielles, nées de la Guerre, se sont créées en France, en Europe, dans le Monde entier. Des marchés, des débouchés se sont ouverts ; d'autres se sont fermés. De nouveaux besoins sont apparus ; d'autres ont disparu. Des clients nouveaux sont venus ; de nombreux concurrents aussi.

Et, pour chaque Nation, le problème est le même : Travailler, produire, exporter.

La France travaille, veut travailler.

Son Commerce, son Industrie veulent se développer, s'étendre.

Son Agriculture, son sol, son sous-sol produisent.

Cela ne suffit pas.

Il faut produire encore, produire toujours, plus et davantage. Importer moins, exporter plus.

C'est là la clef du problème fiscal, du problème social, du redressement de la France.

Certes, la France est sortie victorieuse de la bataille. Mais elle a perdu des enfants, beaucoup d'enfants. Elle a fait de lourds sacrifices d'argent. Ses forces vives sont atteintes.

Fort heureusement, elle a des réserves.

Son courage, son énergie, son génie lui restent aussi.

Ses réserves : son Domaine colonial dont une exploitation plus judicieuse et plus intensive lui apportera un élément inappréciable de force et de richesse. Vaste champ ouvert à son énergie et à son génie.

Ce domaine colonial, si elle sait l'utiliser, l'aidera puissamment à résoudre le problème et à reprendre sa place dans le Monde.

L'Afrique du Nord, de l'autre côté de la Méditerranée, à quelques heures de la Métropole, est au premier rang de ce Domaine. Elle en est le plus beau joyau.

Sous la domination de Rome, elle en fut l'immense grenier. Elle connut les splendeurs dont nous parle l'Histoire, et dont les vestiges, malgré plusieurs siècles de barbarie, se découvrent tous les jours à nos yeux.

En moins d'un siècle, la France y a accompli aussi de grandes choses :

— Des éléments ethniques divers, fondus au creuset magique du grand soleil, pétris à son image, recevant d'elle ses idées, son enseignement et sa langue, ont formé, et forment tous les jours, non pas une race nouvelle, mais un peuple nouveau, hardi, vigoureux, ardent, entreprenant, imbu de méthodes nouvelles, avide de progrès, et qui est prêt à donner à la Métropole, sous toutes les formes, un concours dévoué et fraternel.

— Malgré les heurts inévitables, et les épisodes douloureux du moment, que la France saura franchir, un contact, une collaboration, un rapprochement de plus en plus étroits, de plus en plus amicaux, se créent entre Français et Indigènes, groupés et conciliés par la solidarité des intérêts.

— La Colonisation a marqué sa forte empreinte, et si la Nature a ses caprices, en ce pays de soleil et de lumière, elle est aussi prodigue de résultats et de richesses au travailleur laborieux et intelligent.

C'est là une œuvre civilisatrice qui saute aux yeux des moins avertis et fait l'admiration de tous ceux qui la connaissent.

Mais si le chemin parcouru est appréciable, la route est loin d'être achevée.

Nous avons formé le dessein d'être parmi les artisans de la continuation et de l'achèvement de cette œuvre, ayant ainsi l'ambition légitime de coopérer au redressement de la France.

Pour cela, que faut-il ?

Exécuter le programme que nous avons mis sous vos yeux, c'est-à-dire :

« Faire connaître l'Afrique du Nord.

« Aider par tous les moyens au développement de son Agriculture, de son Commerce et de son Industrie.

« Favoriser la Colonisation ».

En nous attachant à la réalisation de ce programme, nous contribuerons pour notre modeste part à la solution du problème national: « Travailler, produire ; importer moins, exporter plus ».

Nous contribuerons à la fois à la prospérité de l'Afrique du Nord et à la prospérité de la France dont les intérêts sont communs.

Et nous assurerons le complet épanouissement de notre civilisation et un plus grand rayonnement de la pensée et du génie français.

Si vous vous intéressez à cette tâche, utile entre toutes, si vous avez confiance en notre action, nous vous demandons instamment de nous aider et de seconder nos Efforts.

E. SABATIER.

Quelques Lettres

Présidence de la République.

Monsieur le Président,

Au cours de l'audience qui vous a été accordée vendredi dernier 5 juin, et par votre lettre du 13 de ce mois, vous avez sollicité le patronage du Président de la République en faveur du *Comité de Propagande et d'Action pour l'Afrique du Nord.*

Le Président de la République, qui a été très sensible à votre aimable démarche, me charge de vous en remercier et de vous faire connaître, ainsi qu'il vous l'a laissé espérer, que désireux de témoigner tout l'intérêt qu'il porte au groupement que vous présidez, il vous autorise volontiers à le placer sous son patronage.

Veuillez agréer.....

Le Secrétaire Général
de la Présidence de la République,
Michel.

Monsieur le Président,

Vous avez bien voulu m'offrir de faire partie du Comité d'honneur du Groupement de « Propagande et d'Action pour l'Afrique du Nord » dont vous êtes l'un des fondateurs.

Je vous remercie de votre aimable proposition que j'accepte avec plaisir, heureux de pouvoir ainsi témoigner ma sympathie à un effort qui doit contribuer à la prospérité de ce beau pays et au prestige de l'œuvre civilisatrice de la France.

Veuillez agréer...

T. STEEG.
Ancien Gouverneur Généra de l'Algérie

RÉSIDENCE GÉNÉRALE
DE LA RÉPUBLIQUE FRANÇAISE
A TUNIS

Monsieur le Président,

J'ai lu avec intérêt le programme du « Comité de propagande et d'action pour l'Afrique du Nord » que vous venez de fonder. Je suis pleinement d'accord avec vous sur l'utilité de l'œuvre que vous poursuivez, et j'accepte volontiers de faire partie du Comité d'honneur de votre groupement.

Agréez, Monsieur le Président...

Le Ministre Plénipotentiaire Résident Général de France
Lucien SAINT

CABINET DU GOUVERNEUR GÉNÉRAL
DE L'ALGÉRIE

Monsieur le Président,

Très heureux de marquer tout l'intérêt que je porte à votre organisation, j'accepte avec plaisir d'adhérer en qualité de membre d'honneur, au Comité de Propagande et d'Action pour l'Afrique du Nord, auquel, vous pouvez en être assuré, mon concours le plus dévoué est d'ores et déjà tout acquis.

Veuillez agréer,...

Maurice VIOLLETTE
Gouverneur Général de l'Algérie

RÉSIDENCE GÉNÉRALE
DE LA
RÉPUBLIQUE FRANÇAISE AU MAROC

Monsieur le Président,

C'est avec bien de l'intérêt que j'ai lu la lettre par laquelle vous avez bien voulu m'annoncer la constitution, à Paris, du Comité de Propagande et d'Action pour l'Afrique du Nord.

Je serai très heureux de faire partie du Comité d'honneur, ainsi que vous avez bien voulu me le demander.

En vous assurant de tout l'intérêt que ma Résidence Générale portera à ce nouveau groupement, je vous prie d'agréer....

Le Maréchal de France Commissaire Résident général de la République française au Maroc
LYAUTEY

Sénat

Mon cher Président et Ami,

Vous me faites un grand honneur en me demandant de faire partie du Comité de Propagande et d'Action pour l'Afrique du Nord *que vous venez de créer. Je serai très heureux d'être associé à vos travaux et je vous prie d'agréer les vœux que je fais bien cordialement pour le succès de votre patriotique entreprise.*

Je vous renouvelle, mon cher Président et ami, l'assurance de mon bien affectueux dévouement.

JONNART
*Gouverneur Général honoraire
de l'Algérie*

Sénat

Monsieur le Président,

M. Chaumet me charge de vous informer qu'il accepte très volontiers d'être membre du Conseil de Direction du Comité de Propagande et d'Action de l'Afrique du Nord.

Avec les amitiés de M. Chaumet, veuillez agréer, Monsieur le Président, l'expression de mes sentiments respectueusement dévoués.

Pour M. CHAUMET
Le Secrétaire

Monsieur le Président,

En réponse à la lettre que vous avez bien voulu m'adresser, j'ai l'honneur de vous faire connaître que j'accepte bien volontiers de me joindre aux personnalités que vous avez réunies pour accomplir les intéressants desseins qui forment le but du Comité de Propagande et d'Action pour l'Afrique du Nord.

Je vous prie d'agréer, Monsieur le Président....

Albert SARRAUT
Ambassadeur de France

Monsieur le Président,

Vous avez bien voulu me proposer, par votre lettre du 1ᵉʳ février, de m'inscrire au nombre des Membres du Conseil de Direction du Comité de Propagande et d'Action pour l'Afrique du Nord.

Je vous suis très reconnaissant, ainsi qu'à vos collègues, de cette aimable offre que je suis heureux d'accepter, puisqu'elle me donnera l'occasion d'étudier les questions algériennes, tunisiennes et marocaines dans un milieu d'hommes particulièrement compétents et expérimentés, au premier rang desquels vous êtes si légitimement placé.

Veuillez agréer,....

J. NOULENS
Ambassadeur de France

Cher Monsieur,

J'ai l'honneur de vous accuser réception de votre lettre du 14 janvier et m'empresse de vous faire savoir que j'accepte bien volontiers les fonctions de Membre du Conseil de Direction du Comité de Propagande et d'Action pour l'Afrique du Nord.

Je suis très heureux de pouvoir collaborer avec vous-même et vos collègues, parmi lesquels je compte un certain nombre de vrais amis.

Veuillez agréer, cher Monsieur, l'expression de mes sentiments les meilleurs.

André LEBON.
Ancien Ministre

SÉNAT

Monsieur le Président,

J'ai bien reçu la lettre par laquelle vous me demandez de faire partie du Conseil de Direction du Comité de l'Afrique du Nord.

Si vous jugez que mon nom puisse vous être utile pour l'Œuvre entreprise, je le mets volontiers à votre disposition.

Veuillez agréer, Monsieur...

Maurice ORDINAIRE
Sénateur

SÉNAT

Mon cher Président,

Ainsi que je vous l'ai dit verbalement, et cette lettre n'est qu'une confirmation, j'accepte bien volontiers de faire partie du Comité d'honneur que vous avez cru devoir ajouter à votre Comité de Propagande et d'Action pour l'Afrique du Nord.

Je vous renouvelle l'assurance de mon concours le plus actif et je vous prie de croire....

Dr J. GASSER
Sénateur d'Oran

SÉNAT

Monsieur le Président,

C'est de grand cœur que j'accepte de faire partie du Comité d'honneur, ainsi que votre Assemblée générale a bien voulu me l'offrir. Vous pouvez compter sur mon appui le plus affectueux et dévoué pour faire aboutir l'œuvre pleine d'intérêt que vous vous proposez.

Croyez à...

P. CUTTOLI
Sénateur de Constantine

Chambre des Députés

Monsieur le Président,

Vous avez bien voulu, par lettre du 22 janvier, me demander d'accepter de faire partie du Conseil de Direction de votre Comité.

Je vous en remercie vivement, et très attaché à l'avenir de notre Afrique du Nord, j'accepte très volontiers.

Veuillez croire.,....

Léon Baréty
Député des Alpes-Maritimes
Président du « Groupe parlementaire
Maroc-Tunisie »

Chambre des Députés

Monsieur le Président,

J'approuve tout-à-fait l'initiative prise au sujet de la création à Paris d'un Comité de Propagande et d'Action pour l'Afrique du Nord, *et j'accepte d'en faire partie.*

On se désintéresse trop à Paris de notre France de l'Afrique du Nord qui pèse cependant d'un si grand poids dans notre prospérité nationale.

Veuillez agréer l'expression de mes sentiments les meilleurs et les plus distingués.

Edouard de Warren
Député de Meurthe-et-Moselle
Président de l'*Association Agricole
de Tunisie* (Union des œuvres de
mutualité agricole françaises et
indigènes de la Régence)

Chambre des Députés

Mon cher Ami,

J'accepte bien volontiers de faire partie du Comité dont tu me parles, et j'espère vivement que ta propagande en faveur de la belle Algérie remportera un plein succès.

Bien amicalement.

Georges Bureau
Député de la Seine-Inférieure

Chambre des Députés

Monsieur le Président,

Vous avez bien voulu, au nom du Comité de Propagande et d'Action pour l'Afrique du Nord, *m'offrir de faire partie du Comité d'honneur du Groupement.*

J'accepte avec plaisir cette offre, et vous prie de transmettre mes vifs remerciements aux membres du Comité de propagande pour leur témoignage de sympathie.

Veuillez agréer...

Gaston Thomson
Député de Constantine

Chambre des Députés

Mon cher Président,

J'accepte très volontiers de faire partie du Comité d'honneur sous le patronage duquel vous placez votre nouvelle association.

Mon dévouement le plus entier vous est acquis. Veuillez croire...

Roux-Freissineng.
Député d'Oran

Chambre des Députés

Mon cher Président et Ami,

J'accepte avec le plus grand des plaisirs de faire partie de votre Comité.

Et bravo pour votre excellente initiative, à laquelle je souhaite plein succès.

Cordialement...

Morinaud
Député de Constantine

Chambre des Députés

Monsieur le Président,

Vous avez bien voulu me faire savoir qu'un Comité de Propagande et d'Action pour l'Afrique du Nord venait de se fonder à Paris et que l'Assemblée générale constitutive avait décidé d'offrir la Présidence de ce groupement à un Comité d'Honneur, et vous m'avez demandé de vouloir bien faire partie dudit Comité.

En vous remerciant de l'aimable attention que vous avez eue ainsi à mon égard, je m'empresse de vous faire savoir que j'accepte, avec le plus grand plaisir, de faire partie de ce Comité. Vous pouvez être assuré de mon concours le plus entier et le plus dévoué.

Veuillez agréer...

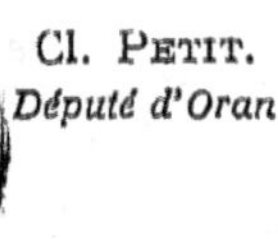

Cl. Petit.
Député d'Oran

Paris. — Imp. des Arts et Manufactures, 8, rue du Sentier (M. Barnagaud, Imp.) - 178-2-26

COMITÉ DE Propagande et d'Action pour L'AFRIQUE DU NORD

36, Rue de Naples, PARIS (VIII°)

Tél. Laborde 06-01, 02 et 03

BULLETIN D'ADHÉSION

Je soussigné (1) ____

demeurant à (2) ____

déclare adhérer au **COMITÉ DE** Propagande et d'Action pour **L'AFRIQUE DU NORD,**

en qualité de Membre (3) ____

(1) — Nom, prénoms, profession.
(2) — Domicile.
(3) — DONATAIRE, FONDATEUR, HONORAIRE, TITULAIRE.

Le ________________________________ 192

Le minimum de la souscription est de :
D. — 1.000 Fr.
F. — 100 Fr.
H. — 50 —
T. — 24 —

TOUTE ADHÉSION DONNE DROIT AU SERVICE GRATUIT DU BULLETIN DU COMITÉ